Ключове

за духовното виждане

Майкъл Ван Влаймен

ISBN-10: 0692583092
ISBN-13: 978-0692583098

ВЪВЕДЕНИЕ

Духовното зрение се е превърнало в гореща тема в настоящето време. Независимо как ще го наречем – духовно зрение, разпознаване на духовете или виждане в духовната реалност – днес има много хора, които желаят да узнаят дали това може да бъде тяхната реалност. Чували сме свидетелства за посещения от Господа, ангели и други подобни, и искаме това и за себе си. Това е нещо добро, защото Господ желае да го имаме в живота си. Библията ясно заявява, че е нужно да гледаме на „невидимите неща" (2Кор.4:18).

Тази мини-книга „Мощен ключ към духовното зрение" е създадена, за да даде на тези от вас, стремящи се към духовно зрение, една библейска насока, която да следват, за да стане това реалност и за вас. В нея е представен материал, много подобен на предишната ми книга „Как да виждаме в духа". Тази мини-версия е създадена, за да съществува една по-малка, сбита и полезна книжка с инструкции, която лесно да бъде преведена на различни езици и разпространена по цял свят. В нея обяснявам концепции за духовното зрение, така както бих го направил, ако разполагах само с двадесет минути, за да ви разясня как да се научите да виждате в духа. Опитвам се да представя кои, според мен, са най-важните неща, които бих искал да разберете, така че очите ви да бъдат отворени по начина, по който Господ е планирал.

Майкъл Ван Влаймен

СЪДЪРЖАНИЕ

ПРЕДГОВОР

Лягайки си в леглото, се помолих: „Господи, моля Те, нека Твоите ангели да ми послужат по някакъв начин". Тъкмо бях сложил глава на възглавницата за няколко минути и още не бях си затворил очите, когато се случи нещо изключително. Изведнъж един ангел се материализира само на 2-3 метра разстояние и започна да върви към мен. Беше висок около 1,80м с тъмна коса и очи, и беше облечен подобно на войн или рицар. Изразът на лицето му беше сериозен, но очите му издаваха, че е в същото време добър. Приближавайки се към мен, той протегна ръка над мен и щом дойде достатъчно близо, я положи върху ми. В мига, в който ме докосна, изгаснах като светлина...

Тази „история" далеч не е приключила. Когато духовните ви очи са отворени, подобни събития ще се превърнат в нормална част от живота ви. Това ще бъде една продължителна и винаги развиваща се връзка с Бога, която е приключение и пътуване на открития отвъд всичко, за което се надявате и мечтаете. Искреното ми желание и молитва е да следвате Исус Христос и тази библейска реалност с цялото си сърце. Буквално няма нищо, което този свят да ви предложи, което да е поне малко близо до нещата на Божието царство. Ако наистина сте последовател на Христос, следвайте Го с цяло сърце. Ако не сте, помолете Исус да прости греховете ви и да обърне сърцето ви към Него. Помолете Го също да бъде ваш Спасител и Господ. Сега... Нека тръгнем в това пътуване заедно.

Майкъл Ван Влаймен

1 С РЕАЛНОСТТА НА НЕВИДИМАТА РЕАЛНОСТ

Съществуват две реалности, в които живеем. Едната е видимата или естествената, а другата е невидимата реалност. Мнозина от нас нямат никакво или много малко познание за духовната реалност, макар че постоянно сме свързани с нея всеки ден. Нека я опознаем.

Животът ни би придобил по-голям смисъл, когато отворим духовните си очи. Каквато и да е връзката ви с Бога на този етап, ако духовните ви очи се отворят, тази връзка отива в стратосферата, далеч отвъд всичко, което може да си представите. Библията всъщност ни казва да гледаме на невидимото, така че да имаме увереност, че тази реалност е за нас.

Затова насочваме погледа си не към видимите неща, но към невидимите, тъй като видимото е временно, а невидимото – вечно (2Кор.4:18).

Бог ни е създал с духовни очи и е сторил това, за да виждаме в духа. Небесният свят, светиите, ангелите, злите духове и дори сам Господ стоят точно пред нас в едно друго измерение – духовно измерение. Можем да премахнем това, което ни пречи да виждаме и да се научим да гледаме в духовната реалност и да се свързваме с Небето. Именно това е темата на тази книга.

Какво може да направите, за да превърнете невидимата реалност във видима? Това е задаваният въпрос от много хора днес. Хората в църковния свят говорят за посещения от ангели и от Господа, други споделят за пътувания до Небето, за виждане на Стъкленото Море, Трона, Залата на Вярата и други места. Хората извън църковната общност също търсят по-дълбоки духовни неща, знаейки, че има нещо повече, но не са сигурни какво точно е то.

Ще ви кажа точно как стоят нещата. Имал съм известни преживявания в тази реалност и ако търсите каквото и да е нещо от духовно естество, то трябва да е Исус Христос и царството Му. Предайте се на Него и Му позволете да ви разкрие тези духовни истини. Позволете Му да ви обгърне със Своите ангели, да ви закриля и да ви подари Своя мир и радост. Няма значение колко голяма е дарбата ви да виждате в духа, ако живеете в страх и безпокойство. Исус ни дава едно духовно наследство заедно с любов, радост, мир и вечна сигурност. Без никакво притеснение ви заявявам, че Исус е Бог. Той може и ще ви го докаже. Да си скалъпваме наша собствена „реалност" за това какво е духовна истина, само защото е нещо, което ни звучи добре, това не го прави истина – това е само-заблуда. Следвайте Исус и стремете се към духовно зрение чрез Неговите постановления.

Какво пречи на нашето зрение?

При раждането ни нашите духовни очи виждат съвсем ясно в повечето случаи. Ако някога сте наблюдавали дълго време бебета или малки деца, сте виждали как те гледат към явно празни пространства, като понякога дори се усмихват или протягат ръчички. Щом те поотраснат и проходят, много от тях имат невидими приятели, с които си играят или разговарят. Много родители влизат в стаята, за да видят, че дъщеря им е устроила истинско чаено парти с реални разговори с „измислен" гост. Или синът им си играе с играчките, показвайки ги на „въображаемо" приятелче.

Ако успеем да се сдържим и да оставим нещата така, децата ни ще пораснат, виждайки невидимата реалност и запазвайки способността си да я виждат, но тъй като обикновено за нас е неразбираемо това, ние ги отучваме от това им умение. „Джанет, няма никой там. Твоят приятел не съществува." „Джони, приятелчето ти не е истинско, то е само в твоето въображение." Нужни са просто няколко години да слушат колко недоволни са родителите им, че се занимават с този приятел, и те спират да го правят. Все едно изключват тази своя способност да виждат, за да угодят на родителите си или авторитетната фигура в живота им, която и да е тя.

Това е началото на края за духовното зрение. Порастайки, ние виждаме множество неща, които нараняват духовните ни очи или ги увреждат. Нечисти образи, травматични неща, които допълнително намаляват духовното ни зрение. Ако растем в определена религиозна среда, ни учат, че духовните неща или духовната реалност са демонични и опасни, и това създава още пречки за нас.

Допълнителни пречки

За да се усложнят още повече нещата, съществуват действителни духовни воали или люспи, които могат да покрият очите ни, за да ни е трудно, дори невъзможно да виждаме в духа. Тези воали се създават от грехове, страхове, травми, съмнения, неверие, емоционални увреждания от различен вид, обърканост, физически болести и редица други неща. Добрата новина е, че всичко това може да бъде преодоляно, така че нашето зрение да се възстанови.

Виждал съм воалите и люспите и съм виждал също как падат на земята като прах, така че никога повече да не ми влияят, след като очите ми бяха отворени. Гледайки духовната реалност, понякога може да видите тези воали да висят подобно на тъмни, прозрачни завеси и да се люшкат пред вас, пречейки на зрението ви. Понякога те са много на брой и става още по-трудно. Но има отговор за всичко това.

Свята цел

Ако имате желание духовните ви очи да бъдат отворени и то е насочено към плановете и целите на Бога, Той ще улесни отварянето на очите ви. Нашата връзка с Христос ни дава пълното законно право да влезем в тази реалност и действителност (Йоан 10:2).

Подготовка за духа

Когато очите ви се отворят за духовната реалност, това може да ви се стори доста плашещо, дори ако чувствате, че сте добре подготвен. Из цялата Библия виждаме ангели, казващи на хората: „Не бой се". Тези ситуации са нещо, с което повечето от нас не са свикнали. Адаптирането към тази реалност може да стане лесно, като се потопим в Божието Слово, Библията. Цялата Библия е изпълнена с духовни същества, ситуации, проявления и приключения. Впуснете се дълбоко в Словото и изучавайте (2Тим.2:15), и така свиквайте с духовната действителност. Настройте ума и чувствата си на вълните на духовните неща. Мислете за тях. Вижте как нашите примери-герои са действали и реагирали на тези духовни и свръхестествени срещи. Нужно е да познавате Словото. Да живеете и да действате според него.

Друга важна причина да познаваме Словото е, че е нужно да знаем кои сме в Христос и каква е нашата власт, особено по отношение на тези духовни неща. Невидимата реалност е населена със зли духове, както и с ангели, и понякога се налага да се справяме с тези същества.

(Независимо дали ги виждаме или не). Познаването на Словото ни дава увереност и мир, че можем да се справим със злите духове и страхът няма власт над нас да блокира зрението ни.

„Ето, дадох ви власт да настъпвате змии и скорпиони и власт над цялата сила на врага; и нищо няма да ви навреди" (Лука 10:19).

Още една важна реалност

Невидимата реалност има невероятна сила и власт над видимата. Болести, болки, емоции, страхове, проблеми от всякакъв вид могат или да бъдат създадени от невидимата реалност или манипулирани от нея. Ако виждате невидимото, това ви дава предимство. Нещата не могат да ви заблудят така лесно. Всъщност, може да видите изкушенията в истинската им същност в духа. И знаете какво реално се случва около вас.

Способни сте да видите даден проблем, дълго преди да се случи и да се справите с нещата, за които другите хора нищо не знаят.

Много пъти ми се е случвало да видя нещо, за което знам, че не е от Бога, да влиза в дома ми. Понякога това са тъмни фигури, нечисти създания от различен вид или дори хора. Мога да ги смъмря в името и авторитета на Исус Христос и да ги прогоня навън, още преди да се превърнат в проблем за семейството ми. Какви са тези същества? Понякога ще разберете, друг път не. Могат да бъдат всичко – духове на гнева, страха, болести, лоши сънища или редица други неща. Ако сте запознат с реалността на невидимото, можете да се справите с всичко това и да защитите близките си.

Може ли да се молите и да защитите дома си, дори ако не виждате? Разбира се. Имаме тази власт, независимо дали виждаме или не. Но Бог ни дава очи, които да виждат, така че нека се възползваме от това предимство. Господ Исус е платил много висока цена, за да ни дари едно превъзходно наследство, в което влиза, и не само, нашето спасение. Нека приемем всичко, което ни е осигурил.

Тази малка книжка не е написана, за да ви убеждава, че всичко това е библейско или че е за вас. Четете Словото и вижте какво казва то, тогава сами преценете тези неща. Имаме Библията и именно за това е тя – да преценяваме нещата. Ако вярвате, че Бог желае очите ви да виждат, тогава се стремете към това. Ако смятате, че Той не желае да виждате, тогава не се стремете. Ако ви е нужна малка подсказка, Бог не иска децата Му да бъдат духовно слепи. Вярвайте ми.

Моля се да направите разумния избор.

Майкъл Ван Влаймен

2 ЧАКАНЕ НА ГОСПОДА

Ще започна с едно от най-полезните и ефективни неща, които някога може да сторите, за да отворите духовните си очи и да участвате в която и да е духовна реалност.

Най-напред ще обясня какво точно е това и какво е нашето библейско основание да го правим. След това ще ви дам практични насоки и ще ви кажа какви могат да бъдат плодовете от тази практика. Дори нищо друго да не вземете от тази книга, моля ви, прочетете тази глава внимателно и сторете това.

Обяснение

Чакането на Господа се случва, когато си отделим време да стоим пред Него с желанието да Го познаваме и да бъдем близо до Него, очаквайки Той да се разкрие пред нас.

Когато ние се приближаваме към Него, Той също се приближава към нас. Това е време на тишина, спокойствие, съсредоточаване на мислите към Него, желание и очакване. Разбира се, Библията ни говори за подобно преживяване. Псалмите разказват как цар Давид е чакал в Господа доста пъти.

„Води ме в истината Си и ме учи; защото Ти си Бог на Спасението ми; Теб чакам цял ден" (Пс.25:5).

И понеже предполагаме, че когато чакаш Господа, го правиш в тишина, ето и стих.

„Млъкнете и знайте, че Аз съм Бог; ще се възвися между народите, ще се възвися на земята" (Пс.46:10)

Чакането на Господа е едно отделяне встрани, за да забравим за Как чакането отваря очите ни? физическия свят и неговите проблеми, и да се фокусираме върху Господа и Небесното Царство. Това е пренасочване на фокуса. Спирате да гледате на физическото и започвате да гледате духовното.

Самият процес

Преди всичко е нужно да осъзнаем, че когато се стремим към Бога или към каквото и да е нещо от Небесното Царство, ние трябва да приемем помощта на помощника – Светия Дух. Светият Дух ни води в това пътуване и ще оформя и моделира този процес според вас и вашите нужди.

Моят собствен процес

В моите лични моменти на чакане на Бога понякога извършвам поклонение за 15 или 20 минути най-напред. Друг път може да се моля на езици за около час. Понякога ще се моля и по-дълго време. Винаги е нужно да следваме гласа на духа в този процес.

Преминавайки към следващата фаза от чакането на Господа, аз сядам в моя молитвен стол. Ще бъде честен и ще ви кажа, че съм чувал от мнозина, които виждат в духовната реалност, че повечето от тях си имат молитвен стол, затова и аз сметнах това за важно. И наистина е. Когато седна в моя стол, си давам минутка да се отпусна и да ми стане възможно най-удобно.

Обяснението за това е, че когато чакаме Господа, ние се опитваме да насочим мислите си към Него и Царството Му. Ако коленичим, след време може да чувстваме болка или неудобство и това ще отклони фокуса ни от Бога към нашия дискомфорт. Ако издигаме ръце нагоре, след известно време те ще се уморят и отново фокусът ни ще се отклони от духовното към физическото. Трябва да направим така, че да е възможно най-лесно умовете и сърцата ни да останат насочени към Него.

Стоим без да се движим. Защо? Още веднъж, ако сменяме позицията си, почесваме се или се протягаме, това връща съзнанието и фокуса ни обратно към физическата реалност. Както при всяко нещо, което се стремите да научите, важно е да останете съсредоточени върху него.

Библията казва, че колебливият човек е нестабилен. Няма да успеем да осъществим връзка с духовното, ако нашият фокус е разпилян. И така... Стоим неподвижни. Колко неподвижни?

Физически неподвижни

Физически трябва да сте толкова неподвижни, че може да е малко трудно да останете будни в началото. Съзнателно се отпуснете. Проверете се сами дали има мускул, който е стегнат или част от тялото, която се нуждае да се отпусне. И така като сте в спокойствие, те трябва изобщо да мърдате. Нямам предвид да мърдате много, а изобщо да не мърдате. Точка. Това, което се опитвате да постигнете, е да оставите физическото зад себе си, така да се каже, и да прегърнете духовното. Ако останете неподвижно за дълго време, ще започнете да чувствате вашия човешки дух. Обикновено живеем във физическото, но когато сме в спокойно състояние, можем да се свържем с духовното.

Понякога в тази неподвижност е трудно да останеш буден. Може да заспите много пъти, докато практикувате чакане на Господа. Това е нормално. С времето ще свикнете с това чувство и ще оставате будни.

Притихнете вашето съзнание

Това звучи малко странно, но наистина няма нищо особено в него. Не изпразвате съзнанието си, а просто не мислите и не се занимавате с неща, които не са свързани и полезни за това упражнение. Оставяме ежедневните неща настрана. Фокусираме се върху Господа и ако нашият ум, мисли и въображение се отклонят, ние ги връщаме обратно в релси. Това може да е реален процес за нас.

Във всекидневния живот повечето от нас са постоянно заобиколени от шум и движение, и понякога е трудно в началото да свикнеш с тишината и неподвижността. Но с практиката става все по-лесно. И честно казано, когато започнете да виждате в духовната реалност, „усилието" да сте неподвижни не изглежда вече като кой знае каква голяма жертва.

Писанието казва:

„Понеже събаряме помисли и всичко, което се издига високо против познанието на Бога, и пленяваме всеки разум да се покорява на Христос" (2Кор.10:5).

Колкото повече вашето време, чувства и дух са изпълнени с Божите неща, толкова по-лесно може да се постигне това. Именно когато гледаме на неща, които не са полезни или подходящи, тогава те се опитват да превземат времето ни за молитва и да ни отклонят от близостта ни с Господа и Господните неща.

Неподвижност

Не мога да прекаля с подчертаването на този аспект от чакането. Когато сме неподвижни в тялото си – физически неподвижни и душевно, тоест нашите мисли, желания, емоции и т.н. –

13

това позволява на човешкия ни дух да се свързва без да опонира. Обикновено при повечето хора е така (за мен също беше така) и това е лесно постижим процес.

 Може лесно да заспите, когато сте неподвижен. Обикновено за всички практични цели тялото ви спи, но вашият дух и ум не. Може да имам стол, на който чакам, но други хора лягат на леглото си или на пода. Аз също лягам на пода, за да чакам Господа, тъй като е по-лесно за мен да остана буден, ако не съм в леглото си. Експериментирайте и се насладете на процеса.

Обещавам ви, че Господ няма да ви подлъже!

„Приближавайте се към Бога и Той ще се приближава към вас. Измивайте ръцете си, вие, грешни, и очиствайте сърцата си, вие, колебливи" (Яков 4:8).

Ако заспите

Ето един мощен трик, който научих късно в моето обучение в духовното зрение. Ако сте в процес на чакане на Господа и изведнъж се събудите и осъзнаете, че сте заспал, не мислете да се отказвате! Започнете отново! И дори отново да заспите, щом се събудите, започнете отначало.

Правете това, докато можете. Това, което се случва в последствие, е, че тялото ви се уморява твърде много да се събужда, но духът ви все още желае да се свърже или да вижда, затова той „ще се събуди" и духовните ви очи ще се отворят.

Когато това се случи, опитайте се да останете спокоен. (Отново е нужно свикване). Оставяйки спокоен, това преживяване ще продължи и вие ще израснете в него. Ако твърде много се развълнувате, вашата душа ще ви дръпне назад.

Майкъл Ван Влаймен

3 ПОСТИГАНЕ НА БУДНОСТ

Будността е друг аспект, в който трябва да се обучавате. Може да си мислите, че ако видите нещо в духа като ангел, например, не е възможно да го пропуснете. Истината е, че го пропускаме всеки ден, защото не знаем в действителност какво точно да търсим.

Много пъти в ежедневието ни виждаше неща и незабавно ги отминаваме, без да се замисляме за тях втори път. Като лъч от светлина, нещо, което може да видим с периферното си зрение, някакъв цвят, който ни „изглежда", че обгръща даден човек. Това всичко е началото на виждането в духовната реалност. Проблемът е, че нямаме никакъв опит и много малко сме обучени по тази тема, и на практика пропускаме всяко духовно нещо, което виждаме.

Нашите очи ни подлъгват

Повечето от нас са обучени от времето на детството ни да пропускаме духовните неща, които виждаме. Казвали са ни: „Това не е истинско" или „Това си е твоето въображение" и сме го чували толкова много пъти, че то се превръща в настройка на ума ни. Трябва да премахнем тази настройка от себе си и да създадем нова, която приема, празнува духовната реалност, и добре я познава.

Молитва

Отче, съжалявам за пропускането на духовните неща, които виждам. Татко мой, нека всяка грешна настройка на ума ми за духовния свят да бъде премахната от моя живот. Татко, дай ми силно познание за духовната реалност и нещата на духа. Татко, дай ми „очи, които виждат", според Твоето Слово. Научи ме да бъда по-осведомен всеки ден и ми дай благодат, за да вървя в тази реалност. Нека Твоите ангели да изявяват присъствието си открито в живота ми и нека всяко препятствие на врага да бъде премахнато. В името на Исус, амин.

Практично приложение

Има няколко неща, които съм се научил да правя постоянно, които ми позволяват да съм запознат и да виждам ангелите в живота ми, както и да виждам врага. Неща, в които явно се препъвах, но в действителност това е бил Светият Дух, Който ме е обучавал.

Първи бегъл поглед

Когато най-напред се събудите сутрин, продължете да лежите в леглото неподвижни. Така неподвижни, все едно спите. Бавно се огледайте в стаята и проучете атмосферата. Търсете дали има някакво смущение в атмосферата. Някакво леко движение или лека вариация на цвят, например.

За мен, както и за други хора, духовната реалност изглежда подобно на топлина, издигаща се от капана на черен автомобил в горещ летен ден. Както се казва, има изкривяване на въздуха. Търсете подобни неща. След като започнете да ги виждате (и това ще стане), ако ги разгледате по един спокоен, но внимателен начин, те ще започнат да се разширяват в цвят и яснота. Формите ще бъдат по-очевидни и стабилни. Нещо, което в началото изглежда като абсолютно нищо, може да се окаже, че е доста изключително.

Свидетелство

Една сутрин в средата на Юни през 2015г. се събудих и направих точно това, което изисквам и от вас. Лежах неподвижен и бавно отворих очи. Атмосферата беше зазоряване, което е още по-добра предпоставка за виждане на ярки духовни неща. Забелязах, че обстановката от едната страна на леглото ми изглеждаше малко странно, затова се вгледах натам и продължих да се взирам. След няколко минути духовното ми зрение стана още по-ясно и сега можех да видя как две ангелски фигури стояха в стаята, не далеч от леглото ни. В началото ми изглеждаше, че сякаш си говорят един на друг, но когато видяха, че ги гледам, насочиха вниманието си към мен. Ангелът отдясно смени мястото си и наблюдаваше дали очите ми го следват. Когато видя, че го правят, той излетя. Вторият ангел направи същото. Ако не бях си отделил време да опозная духовната атмосфера в стаята още в началото на пробуждането си, нямаше изобщо да ги видя. Можеше дори да видя движението на въздуха в стаята, но щях да го пренебрегна, смятайки, че очите ми ме подлъгват.

Защо ангелите гледаха дали успявам да ги видя и защо си тръгнаха? Нямам представа за това. Знаете ли, ангелите не са всезнаещи като Бога. Те не винаги знаят, че ги виждате веднага. Това е особено вярно, ако все още сте в процес на упражняване на вашите духовни сетива. Както се казва, тепърва напипвате нещата. Много пъти ангелите ще бъдат много близо до лицето ви, когато духовните ви очи се отворят, гледайки ви право в очите. Това ми се е случвало и съм сигурен, че ще се случи и с вас.

Причината, поради която си мисля, че си тръгват, или правят така, че да не ги виждате повече, е защото най-вероятно Божията цел за вас в този момент не е да ги виждате. Веднъж отворих очите си да видя ангела-хранител, стоящ до нас, и точно когато ме видя, че го гледам, той премина през стената, зад когато вече не можех да го видя. Мислех си за това и реших, че вероятно го е сторил, за да си заспя отново и да си почина. Знам със сигурност, че щях да стоя буден цяла нощ, зяпайки го, ако не беше си отишъл. Това са все неща, към които се адаптираме ден след ден.

Ходене насам-натам

Тъй като в действителност всичките ни контакти през деня са във физическия свят, ние рядко мислим за виждане в духовния. Отивайки на работа или до магазина, или някъде другаде, ние трябва да възпитаваме един навик на гледане в духовния свят на тези места. Нужно е целенасочено да търсите духовната атмосфера във всяка сграда, в която влизате. Разглеждайте всяка стая и всяко събрание, което посещавате (особено в църквата или събрания на вярващи хора).

Макар да е трудно и не казвам, че трябва да го правите, но аз гледам в духовната реалност с периферното си зрение, когато пътувам в кола. Това не отклонява вниманието ви от пътя или вашите шофьорски умения, но по-скоро ви държи будни в осъзнаването ви за тази реалност. Това, което забелязахме със съпругата ми напоследък (август 2015), бяха стълбове от светлина, тръгващи от земята към небето. Някои от тях бяха доста огромни и очевидно са духовно проявление.

Атмосферата около вашата къща е страхотно място да практикувате вашата будност. Докато се занимавате в двора си или си седите навън на пейката, може да видите доста удивителни неща от духовния свят.

Тъй като полагате съзнателни усилия да вършите това, аз вярвам, че Господ ще ви помага. Казано ни е да търсим горните неща. Господ не ни възпрепятства за това, Той ни помага.

„И така, ако сте били възкресени заедно с Христос, търсете това, което е горе, където седи Христос отдясно на Бога" (Колос.3:1).

Вечерта и през нощта

Когато денят ви приключи и вие започвате да се отпускате, да четете книга или да гледате телевизия, това са миговете, когато сме в повече покой от нормалното, и тогава можем по-добре да виждаме, отколкото ако се занимаваме с по-активни дейности. Виждам съм и ангелски, и демонски същества, докато съм гледал телевизия.

Отделяйте си по минутка от време на време да се огледате в стаята. Развивайте познанието си за духовната реалност чрез постоянни съзнателни усилия.

Нощем или при здрачаване, нивото на светлината прави по-трудно да се фокусираме върху естествените неща около нас. Ако стаята е тъмна, естественото ви зрение не вижда много добре. Ето защо, това е идеалното време да се огледате за духовното. Ако прекарвате малко време всяка вечер в молитва, отворете очите си понякога и се огледайте.

Вършейки това редовно, вие се обучавате да познавате тази реалност. Тази малка стъпка ще донесе по-голяма яснота на духовното ви зрение. От сутрин до вечер, и в средата на нощта, винаги бъдете будни за атмосферата около вас.

Тази будност може лесно да се приложи за всички ваши духовни сетива. Може да започнете със зрението и с неговото развитие може също да обръщате внимание на звуци, миризми, вкусове или чувства.

Майкъл Ван Влаймен

4 СЪЗДАВАНЕ НА АТМОСФЕРА

Ако имате желание да виждате, постарайте се да си осигурите чудесна атмосфера, в която да гледате, когато духовните ви очи са отворени. Местата, където прекарвате по-голямата част от времето ви – у дома, на работа – са места, където може да създадете небесна атмосфера. Това се прави по няколко различни начини и вие може да имате също ваши собствени идеи. Като Божие дете трябва да използвате всяко ваше право да си създадете подходяща среда за вас и семейството ви.

За нашите цели ще използвам думата „дом", но това може да е навсякъде. Истината е, че навсякъде, където стъпва кракът ви, това място ви е дадено като дете на Бога. Може да упражните своето право да променяте нещата.

Кръвта на Исус

Започнете като изисквате (или измолвате) кръвта на Исус да бъде над вашия дом и имот. Нека тя бъде над всяка стая, всеки коридор, всяко пространство или килер. Влезте в тези стаи, когато молите за това. Правите силно изявление в духовния свят в този момент. Изисквайте кръвта на Исус и за всяко нещо, за което Светият Дух ви напомни, докато вършите това (в това число се включват и хората, разбира се).

Помазване

Това може да се направи в същото време на молитвата за кръвта на Исус. Нека Светият Дух да помаже вашия дом, всяка стая или всяко място, за което се молите.

Миро за помазване

Помажете дома си с миро (масло). Помажете всеки вход, стая, всеки стол и всичко, към което ви отведат нозете ви. Аз обхождам също и границите на моя имот и помазвам и тях. Членовете на дома също трябва да бъдат помазани, както и животните ви.

Непрестанно хваление

В нашия дом ние си пускаме помазана хвалебна музика, колкото се може по-често. В продължение на две години, си пускахме хвалебствена музика по 24 часа на ден, седем пъти в седмицата. Това почти звучи невъзможно, особено ако не всеки е съгласен, така да се каже. Ето какво направих аз и което препоръчвам, когато се опитвате да приложите това.

Най-напред си дайте сметка, че няма полза да пускате хвалебна музика, която не създава правилната атмосфера. Ако хората се подразнят, че се опитват да водят разговор и не могат да се чуват, заради музиката, тогава това не е нещото, което искате. Пускайте музиката на едно нормално ниво, така както когато пеете на нея песни на хваление. Ако никой няма да си е у дома, може да увеличите звука и да доставите наслада на ангелите. През останалото време пускайте музиката така леко, че ако някой влезе в дома ви, да каже: „Знаеш ли, все едно не си пуснал музика...“

Ако музиката звучи нежно, тя пак има значение за духовната реалност и това е важното.

Ние имаме асортимент от помазана хвалебна музика на дискове, които пускаме да се въртят непрестанно из цялата къща на четири различни плейъри. Използвайте това, което Светият Дух ви разкрие. Ние използваме Бени Хин, Джоан Макфатър, Кимбърли и Алберто Ривиера, групата за хваление Ветил, музиката на Хилсонг и други.

Звукът на шофара

Съпругата ми наистина почувства, че трябва да има шофар, затова си купихме такъв. Не веднага разбрах колко мощен е звука му, но скоро научихме. Съвсем първата вечер, когато го надухме, синът ми видя три огромни топки светлина да „падат" в нашия квартал само няколко минути по-късно. Вторият път, аз видях много ангели, събрани в стаята ми за молитва. След като осъзнах, че откликват на звука на шофара, започнах да го използвам много повече. Ползваме го из цялата ни къща редовно. Създава осезаема разлика в атмосферата. Ако и вие го направите, ще го забележите също.

постановления и заявления

И разбира се, нужно е да пропием себе си, домовете и семействата си с молитва. Непрестанно молете за благословения над дома си. Постановете атмосферата на Небето. Дайте път на управлението на Небесното Царство да настъпи във вашия дом и среда. Отправете ясни заявления относно дома и семейството си. Най-добрият начин за това е като се използват библейски стихове, защото те са много мощни.

„Но ако ви се види тежко да служите на Господа, изберете днес на кого искате да служите - на боговете ли, на които служеха бащите ви отвъд реката, или на боговете на аморейците, в чиято земя живеете; но аз и моят дом ще служим на Господа" (Ис.Нав.24:15)

„Всичките ти синове ще бъдат научени от Господа; и голям ще бъде мирът на синовете ти" (Исая 54:13).

„Зная твоите дела. Ето, поставих пред теб отворени врати, които никой не може да затвори, понеже, като имаш само малка сила, пак си опазил Моето слово и не си се отрекъл от името Ми" (Откр.3:8).

Майкъл Ван Влаймен

5 ВЪОБРАЖЕНИЕ

Въображението е друг мощен ключ в стремежа към духовно зрение. Много хора смятат, че използването на въображението е преструвка, че виждаш нещо, но всеки, който поне малко разбира духовната реалност, ще ви каже, че въображението е врата или точка за достъп.

Често сме чували: „Това е просто твоето въображение" като пренебрежителна фраза, имаща за цел да подчертае, че това не е важно и не е истинско. Въображението, осветено от Бога, е превъзходно нещо. Библията ни казва:

„Понеже събаряме помисли (въображения) и всичко, което се издига високо против познанието на Бога, и пленяваме всеки разум да се покорява на Христос" (2Кор.10:5).

Словото не ни казва да отхвърляме въображението, но по-скоро онези, които издигат себе си против познанието на Бога.

Освещение

Въображението трябва да бъда осветено. Всеки, който е гледал някога телевизионно шоу, определено е виждал неща, които оскверняват въображението и очите ни. Ако гледате боклуци, вашите духовни очи могат да се увредят. Ето защо Господ ни казва да гледаме на невидимите неща и да мислим за светите и чисти неща.

„Най-накрая, братя, всичко, което е истинно, което е честно, което е праведно, което е чисто, което е любезно, което е благодатно, ако има нещо добродетелно и ако има нещо похвално - това зачитайте“ (Филип.4:8).

Молитва

Отче, моля Те, прости ми за всичко, което моите очи са видели и което ме е осквернило или наскърбило Теб. Прости ми, когато използвам въображението си за погрешни цели и го очисти сега чрез кръвта на Исус. Очисти ме и ме изцели сега, и аз Ти благодаря за това в името на Исус. Амин.

Използване на въображението

Използването на въображението е много простичък процес и не се случва нещо по-различно, когато го използваме за Бога.

Ако ви помоля да си спомните как изглежда къщата ви и да ми я опишете, може да затворите очи и да се опитате да я „видите“ в ума си. Ето така използваме въображението. Виждаме

умствени картини или си представяме нещо.
Когато употребяваме въображението за
благочестиви цели, можем да го правим по
много различни начини. Ще ви разкрия някои от
тях и наистина ви предлагам да ги опитате
всичките.

Задълбочаване в Словото

За да практикуваме гледане с духовните очи или
очите на нашето въображение, ние можем най-
напред да се вгледаме внимателно в библейски
сцени. Вземете ваш любим стих и
размишлявайте върху него. Може би ще ви се
иска отблизо да се запознаете със срещата на
Исус и учениците, когато им приготви риба, след
като беше възкръснал (Йоан 21гл.).

В съзнанието си може да видите Господ,
стъкмяващ огъня, и лодката във водата. Дори
може да помиришете приготвящата се храна.
Прочетете целия пасаж няколко пъти и всеки
път затваряйте очи и се опитайте да видите
малко по-ясно с малко повече детайли. Както
при всяко друго нещо, с практиката става все по-
лесно.

Наистина изглежда като преструвка

Може да изглежда, че не правите нищо друго,
освен да се преструвате и да си губите времето.
Но трябва да помните, че Исус е казал, че
въображението е реалност. Когато говореше за
пожелание в сърцето в Матей 5 глава, Той
обясни, че вече си извършил прелюбодейството.
Не каза, че си си помислил или си си представил

как извършваш прелюбодейство. Фактът, че ако правиш нещо във въображението си, то е реалност, може да плаши някого. „Искаш да кажеш, че трябва да пазя мислите си чисти и неопетнени 24/7?" Да. Трябва да го правиш. Писанието го казва, както вече знаеш. (Филип.4:8)

Също така, имайте в предвид, че аз не просто споделям куп добри идеи, които съм чул. Всичко, което проповядвам, съм получил като откровение от Бога. Господ лично ме е учил за духовното зрение по този начин и аз го споделям с вас. Всичко, което Той ми е казал, наистина действа. Представяте ли си това!

Така че, моля ви, оставете настрана всяко съмнение или неверие относно използването на вашето въображение. Това е само част от адаптирането към ходене в духовния свят. По принцип, единственото време, когато целенасочено се свързваме с духовната реалност, е когато сме в поклонение или молитва, и дори тогава повечето от нас никога не са осъзнавали истинската значимост на тези моменти.

Направете го истинско

Когато използвате въображението си, нужно е да имате в предвид две много важни неща. Първо - направете го колкото се може по-реално, дори ако са нужни малко усилия за това. Няма само да ви падне на тепсия, освен ако просто нямате специалната дарба на сънищата. И второ – опитайте се вашите образи да отговарят на вашите молитви. Не се молете за едно, а да мислите за друго. Нека цялостния ви фокус да бъде в една и също посока.

За това е нужна дисциплина и обикновено става с практиката. Не го възприемайте, като че се опитвате да си заработите нещо от Бог, но по-скоро че поставяте себе си в положение, в което по-добре да приемате и да виждате духовните неща.

Въображение за изцеление

Всеки път, когато се молите за някого, използвайте също и въображението си. Представете си как полагате ръце върху тези хора и Божията сила се влива в тяхното тяло. Почувствайте как от вас излиза сила, докато се молите. Вижте лика на лицата им, докато те се изцеляват. Вижте как ангели идват при тях да им служат.

ъображение при молитвата, по принцип

Независимо за какво се молите, винаги впрягайте въображението си във вашата молитва. Бог вижда мислите ви. Познава ви. Нека страстта ви за дадената ситуация да се изяви, докато се молите.

Вървене при молитва с въображение

Научих това преди няколко години, след като Господ най-напред започна истински да отваря очите ми. Когато се молех за семейството ми вечер, започвах да вървя из къщата, докато го правех. Молех се за всяка стая и за всеки. Правех го отново и отново, вечер след вечер. Една нощ го изпълних, и когато след върнах в началната си позиция в моя молитвен стол, видях, че тялото ми никога не беше ставало за молитва. Духът ми се бе изправил да се моли и той се бе разхождал из къщата в продължение на около 30 минути.

След като осъзнах, че духът ми е с такова голямо желание за молитва, започнах целенасочено да се позиционирам така, че моят духовен човек да се моли из цялата къща. Сядах на молитвения ми стол и си представях, че вървя из стаите, молейки се. Колкото повече го правех, толкова повече това започваше да се случва.

Но ще ви кажа, че и на мен ми беше нужно свикване. Първият път, когато се случи, се притесних, че това е перманентна ситуация и прекарах едни цели пет минути тресейки самия себе си с все сила, за да събудя физическото си тяло. Сега вече, знаейки малко по-добре какво точно се случва, знам, че да имам мир и да се доверявам на Бога е начина, по който трябва да се справяме или да действаме при всякакви обстоятелства.

Представяйте си Господ и Неговите ангели

В отварянето на духовните ни очи и използването на въображението, друг важен ключ е да си представяме, че водим разговор с Господа. Задавайте Му въпроси. Покланяйте Му се. Хвалете Го. Говорете му за вашите желания и цели, и истински създавайте тази връзка.

Представяйте си също, че ангелите са обгърнали живота ви. Когато си лягате, представяйте ангелите-хранители как стоят до вас и как изглеждат. Какъв е изразът на лицата им? Колко са те? Какви са имената им? Попитайте ги и разберете!

Това, което трябва да се помни, е че се опитваме да направим духовната реалност възможно най-нормална за нас и вървенето в духа да е също така съвсем нормално. Този процес на използване на въображението е мощен начин за това. Затова изпълнявайте го целенасочено и постоянно!

Майкъл Ван Влаймен

6 МОЛИТВА И ПОСТ

Ако има някакво средство, което би ви отвело там, където искате, това е молитвата. Имаме архив от истории за чудотворното говорене с Бога в молитва. Молитвата наистина променя нещата. В книгата на Исая се разказва за Езекия, обърнал лицето си към стената. Това показва за сериозното отношение към молитвата. Бог го чува и му отговаря. Използвам примера с Езекия, защото за нас е нужно да имаме именно такава страст и посвещение, когато се молим. Ако се молите с цялото си същество, ще видите неща, които никога преди не сте виждали.

Ако имаме намерение да се молим, може би е добре да дадем всичко от себе си. Ако ни липсва подобно ниво на страст, нужно е да молим Господ да ни го даде. В стремежа си към духовно зрение или по-голямо духовно зрение ние трябва да имаме плам в себе си. Ако някоя част от вас е апатична по отношение на това, не очаквайте изключителни резултати.

И така, нашите молитви трябва да са заредени със страст и доказателството за нея е времето, прекарано в стремеж към целта. Както при всяко друго начинание, което желаем, посветеното време се оказва решаващо за успеха или провала.

Фокусирана молитва

Много пъти не виждаме постижения в нещо, защото следваме модел, който сме научили в църквата или в домовете си за това как да се молим, вместо да използваме дадения образец в Божието Слово. Ако прегледате повечето наши молитви, те са съвсем кратки, когато са фокусирани, и пак са кратки, и когато не са фокусирани.

Дори при молитвени събрания аз рядко чувам някой да се моли повече от пет минути. В църквата, при откриването и закриването на службите или молитвите за дарения – молим се не повече от пет минути. Това се превръща в наш модел през по-голямата част от времето, защото хора, които смятаме за много благочестиви, се молят с кратки молитви и ние вземаме пример от тях.

Исус имаше служене, което не може да бъде надминато, и въпреки това Той каза: „И по-големи дела ще вършите...“. Той прекарваше невероятно количество време в усамотено място, насаме със Своя Отец. Дори началото на службата Му беше 40 дена в молитва и пост. Нужно е да се научим да издигнем нашия молитвен живот на това ниво, ако искаме да виждаме.

Това понякога е доста непопулярна вест, но трябва да жертваме времето си, ако искаме да виждаме ясно в духовната реалност.

Имах няколко преживявания, когато Божият огън падна върху мен и след като го видях и преживях, имах силно желание за него отново, и отново. Една вечер седях в моя молитвен стол за няколко часа и просто се молех с думите „Господи, освети ме", като ги повтарях известно време. След около два часа с тази съвсем фокусирана молитва, моите духовни очи се отвориха и видях духовните воали пред мен. Гледам в изумление как най-близкият воал се разпадна на земята.

Това беше едно от множеството поразителни преживявания, които ми позволиха да разбера, че фокусираната молитва в продължение на дълго време дава прекрасни плодове.

Пост

Постът е отричане на физическия и душевния живот, за да може човешкият дух безпрепятствено да търси духовните неща. Вярвам, че поради дните, в които живеем, силно вероятно е да се налага да постите за определени постижения. Врагът не желае вие да виждате в духовния свят и той ще ви се противопоставя. Постенето е начин да се сдобиете с духовна сила и да победите.

Отричайки желанията на тялото и душата чрез пост, ние трябва също така да храним духовния човек, за да е силен. Поклонение, молитва, изучаване на Библията и размишление върху нея са страхотни неща, които укрепват нашия дух.

За да бъда съвсем честен, има малко неща, които ще отворят духовните ви очи по-бързо от молитва, съчетана с пост.

Постът може да обхваща едно ядене, един ден, една седмица или по-дълго време. Въздържането от твърда храна е добро. Може да пиете само вода, или ако ви се налага заради здравословни причини, може да приемате течности под някаква форма като плодове или зеленчукови соколе или бульони. Нека Духът ви води в това.

Молитвената част от тази комбинация трябва да е различен тип молитва. Молете се с молитва на вяра. Използвайте това време, за да изисквате да виждате невидимото, да се свързвате с ангели и да посещавате небесни места. Изисквайте стиховете, които са обещания за нас, докато се молите. Открил съм, че това е много ефективно също. Седмицата, в която започнах да изисквам „да виждам ангели през цялото време“, имах значително повишаване на ангелската активност, която виждах. Затова говорете за тези неща с вяра според Словото.

„А Исус им отговори: Имайте вяра в Бога! Истина ви казвам: Който каже на тази планина: Вдигни се и се хвърли в морето, и не се усъмни в сърцето си, а повярва, че онова, което казва, се сбъдва - ще му стане. Затова ви казвам: Всичко, каквото поискате в молитва, вярвайте, че сте го

получили, и ще ви се сбъдне" (Марк 11:22-24).
Времето на молитва и пост трябва да бъде придружено с изучаване на Библията, хваление и чакане на Господа.

Изпадане във възторг

Нехайно от моя страна ще бъде да не ви разкрия това и да ви оставя сами да си го обясните. В дните на ранната църква и дори сега, предполагам, монаси и други ордени, които са били посветени на молитвата, често са се завързвали в изправено положение, за да могат да се молят цяла нощ, без да заспят.

Времето, в което съм се молил по цяла нощ, е било за мен време на големи успехи. Има нещо в лишаването на тялото ни от сън, което отслабва духовните воали и позволява по-голям достъп до духовния свят. Моят син имаше няколко дни на работа, където се налагаше да работи по цяло денонощие и след два дена почти без никакъв сън, той ми каза, че успял открито да види духовната реалност.

Важно нещо, което трябва да се има в предвид, е че не трябва да се въздържате от сън, ако имате други отговорности като шофиране или вършене на дейност, изискваща физическа будност.
Ако разполагате с уикенд, в който може да се приближите близо до Бога, тогава би било идеалното време за пост, молитва и „бдение" през нощта. Комбинацията от тези трите е силно мощна, за да се отворят духовните ви очи.

Правете това, което можете

Не се чувствайте негодни по никакъв начин, ако не можете да вършите нещата, които ви предлагам, точно така, както ви ги предлагам. Правете това, на което сте способни, и Бог ще го оцени.

Той ни обучава и знае на какво сме способни и какъв е истинския копнеж на сърцето ни.

Във времето на пост, политва и бдение през нощта, вашите очите ще бъдат отворени и ще се свържете с духовния свят по начин, който е истински и изпълнен с вяра. Така стоят нещата – реалността на духовния свят е толкова изумителна, че прави физическият свят да изглежда безцветен и скучен.

Когато това се случва, вярата ни расте до ниво, което е отвъд това, което сме свикнали да преживяваме, и виждаме как се отговаря на молитвите и (чрез духа) знаем за какво трябва да се молим.

От това си ниво на връзка съм виждал как Бог отговаря на много молитви с чудни резултати.

7 ЗАПИСВАНЕ НА ПРЕЖИВЯВАНИЯТА В ДНЕВНИК

Едва ли има по-добър начин да покажеш на себе си и на Господа, че цениш онова, което Той прави в живота ти, от воденето на дневник. Библията казва:

„Господ ми отговори: Напиши видението и го изложи ясно на дъсчици, за да може да се чете бързо" (Авакум 2:2).

Записването на това, което Бог прави, ще ви насърчи още повече да искате от Него. Ще „бягате" бързо при Него, когато четете записките си. Много пъти може да имаме най-страхотните преживявания и да забравим за тях. Дори ако сте способен смътно да си спомняте, не е същото като пълен спомен за всички детайли. Има сила в едно свидетелство. Когато препрочитате вашите свидетелства, това води да имате още подобни такива.

Личен опит

няколко дена, когато бях започнал да се само-съжалявам. Чувствах, че преминавам през сух период и това не ми харесваше. Проблемът беше, че грешах. Взех си дневника, за да се насърча, и след като прочетох, „си спомних", че съм имал чудна визита от ангел само две седмици по-рано! Бях го забравил! Ето още една причина защо е хубаво да си записваме.

Увеличаване

Най-окуражителното нещо, което съм открил, е че нашето познание се повишава все повече, когато записваме преживяванията си. Трябва да сте усърдни в това. Записвайте си всяка малка свръхестествена подробност, която се случва в живота ви. Не казвайте „Ами, това си беше само един малък проблясък от светлина" или „Кълбото се видя само за няколко секунди", и после да не го запишете. Не, трябва да записвате всичко. Когато го правите, тези преживявания ще се увеличат в по-голяма мярка и честота.

Ако едва виждате нещо, може да запишете нещо такова – „Почувствах хладен бриз, докато се молех" или „Видях краткотраен проблясък от светлина в стаята". Когато вярно почитате тези събития и ги записвате, скоро ще пишете и нека като „Видях част от ангел" или „Видях днес един ангел". Уважението, което показвате към събитието, говори, че го цените. Ако наистина означава нещо за вас, то ще намери своето място в живота ви и ще се увеличи. Разчитайте на това.

Стъпка на вяра

Наскоро говорих с един човек, който ми сподели, че тези неща не действат при него и не можел да вижда. Започнах да му задавам въпроси, за да разбера къде беше проблемът. След няколко въпроса, го попитах какъв е бил последния запис в дневника му. Той отговори: „Защо изобщо да си купувам дневник, след като нищо не се случва?"

Това вървене в свръхестествения свят на Бога определено е вървене с вяра. Когато си купуваме дневника, ние правим заявление. Все едно казваме: „Вярвам, че Бог ще извърши неща в живота ми, които са достатъчно важни, за да е нужно да ги запиша". Когато държим този дневник и химикала до леглото си или на масата, ние потвърждаваме, че сме готови за това, което Бог ще извърши.

Разбирате сега, че мъжът, който казваше, че не действало, всъщност не го е правил. Решил си е да не си купува дневник, докато нещата не започнат да се случват. Това не е стъпка на вяра! Какво е нужно да записвате

Водейки се дневник, записвайте вашите преживявания, но също и времето си на молитва. Записвайте си времето на поклонение и хваление. Запишете датата, часа и продължителността на времето, прекарано в чакане на Господа или в молитва. По този начин ще разполагате с начин да определите кое точно работи при вас. Ще може да видите и какви са резултатите в този процес. Записвайте и успехите, и неуспехите си, защото това ще ви показва какво не бива да правите.

В моите дневници съм си документирал, че колкото повече време прекарвам в молитва и чакане на Господа, толкова повече посещения съм имал и свръхестествени преживявания. От негативната страна на въпроса, открих, че ако имам дни, изпълнени със светски проблеми, молитвеното ми време не е така плодоносно. Вярвам, че това е така, заради раздвоеното ми внимание.

Моите записки в дневника

По принцип си записвам преживяванията в тетрадки със спирала, защото хубавите тетрадки с кожена подвързия започнаха да стават твърде скъпи. Вероятно имам 30 тетрадки и дневници общо. Откакто започнах това пътуване, моите записки в дневника покриват всичко – от висящи искри във въздуха до небесни скъпоценни камъни, както и до посещения от ангели и самия Господ. Виждали сме светлинни сфери във всички цветове и размери, светкавици, преминаващи през къщата ни и ангели, появяващи се като хора. Понякога, дори докато съм писал докладите или моите книги, злато се е появявало върху ръката или бюрото ми.

Смисълът е, че аз вярвам, че и вие може да имате всички тези неща и повече дори. Бог няма любимци (Деян.10:34). Каквото прави за мен, ще го направи и за вас. Искрено вярвам, че ще вземете под внимание тези простички, но мощни ключови стъпки, и наистина ще ги използвате, за да се отвори и за вас духовното зрение и свръхестествената реалност. Мнозина имат идеята, че ако Бог иска да виждаме, ще ни накара да виждаме. Почти не стоят така нещата. Ако Бог иска да виждаме, ще ни даде очи, което е и направил! Ние просто трябва да се научим да го правим!

Майкъл Ван Влаймен

8 ОБОБЩЕНИЕ

Следа като ви дадох тези ключови практики, няма да е честно от моя страна, да не ви дам и малко информация за това как най-добре да ги използвате всички заедно. Знам, че само с това основно познание все още ще има доста опити, грешки и проучване кое най-добре действа при вас.

Това са все неща, които ми се наложи да науча, докато аз вървях и Господ ме учеше на тях, но трябва да „навляза в тях", както се казва, чрез практика и участие.

Много пъти в началото чувах как някой говори за духовното зрение и инструкциите бяха просто достатъчно неясни, за да са объркващи. Ние не искаме това.

Преглед

Започвайки деня си, най-напред отворете очите си и се огледайте за неща от духовната реалност. Правете го най-малко пет минути всяка сутрин, без да пропускате. Ще се обучаваме да вървим и в двете реалности по всяко време.

Докато се приготвяте за вашия ден, молете се! Изисквайте кръвта на Исус. Молете се за вашия живот по всякакъв възможен начин. Молете се на езици. Можете да го правите, докато се приготвяте сутрин. Аз винаги го правя, а после се моля или принасям хваление по пътя си за работа всеки ден. Започвайки деня си, не пропускайте да се огледате около себе си поне няколко пъти за един час и да се опитате да видите духовния свят или ангели около вас. Когато напускате дома си, не забравяйте да пуснете вашата хвалебна музика. Нека ангелите са щастливи, че са изпратени именно до вас. Осигурете им едно приятно място, в което да обитават, чрез поклонение и хваление.

Когато стигнете до работа или нужното място, където отивате, изисквайте кръвта на Исус за това място и освободете Небесната власт и атмосфера да бъдат над него. Правейки това, вие допринасяте атмосферата да се изпълни с Небесни неща. Така става по-лесно да ги виждаме, защото спомагаме средата да се напълни с Небето. Препълваме мястото, така че не може да не видим нещо.

С течение на работния ви ден, помнете кой сте и пуснете Божията любов на работното си място.

Търсете ангели и там. Всеки път, когато влизате в различна стая, бъдете будни за духовната атмосфера.

Ако ви е възможно, вземете си почивка в курса на деня и издигнете ръце в поклонение. Ангелите обичат да бъдат около хора, които хвалят Бога. Дори ако се налага да влезете в тоалетно помещение, направете го!

Шофирайки обратно към дома си, молете Бог да ви посочи кои са изкупените в колите около вас. Търсете от малки до среден размер сфери от светлина точно над шофьорите в колите. (Виждал съм това, докато шофирам.) Молете Бог да ви даде знаци в небесата, докато се движите.

Когато се приберете вкъщи, отново проучете духовния климат около и вътре в дома ви. Наблюдавайте и изучавайте атмосферата поне за малко, за да се обучите и да ангажирате вниманието си.

Ако имате шофар, духнете в него няколко пъти, като осъзнавате, че духът ви изпраща послание чрез звука. Божието дихание (Светият Дух) звучи чрез овчия рог.

Като приключите с това, съобщете пред присъстващите ангели (независимо дали ги виждате или не) следното: „Ангели, просто искам да знаете, че ценя вашето участие в живота ни и ви приветствам в нашия дом да вършите волята на Бога. Моля, чувствайте се свободни да идвате по всяко време".

Уверете се, че музиката все още звучи, дори ако е нужно да намалите звука.

Не забравяйте да се молите непрестанно. Ако езикът ти не е ангажиран по някакъв начин, продължавай да се молиш на езици. Понякога са възможни шест, осем или десет часа на ден, дори без да е нужно да се определя това време. За тези от вас, които шофират доста, вие може постоянно да се молите, докато го правите.

През цялото време, докато сте с вашето семейство, знайте, че Господ е с вас. Той никога не ви напуска и съзнателно имайте знание за това. Осъзнайте също, че ангели винаги присъстват около вас, докато се наслаждавате на вечерта си вкъщи или където и да отивате.

Не пропускайте да четете Словото, дори само една глава да е, за да подхранвате духа си. Когато си лягате, мислете за Словото и молете Бог за по-голямо откровение на това Слово. Молете Го за желаните от вас неща. Библията казва, че нямаме, защото не искаме (Яков 4:2). Молете за ясно зрение и да чувате Божия глас. Молете за Небесни срещи и посещения от ангели. Молете всички Божи планове и благословения за живота ви да бъдат изявени.

Когато заспивате, представете си картина на Небето в ума си. Кажете на Господа, че искате да го видите.

Станете през нощта да бдите в 2, 3 или 4:00ч и се молете и чакайте Господа за час или два. Стойте неподвижни и очаквайте Бог да ви покаже нещо.

Това винаги е много продуктивно време за онези, които виждат в Небесния свят. Превърнете това във ваша практика и се посветете на нея най-малко няколко дена седмично.

Малко крайно

Надявам се, че след като прочетохте прегледа не си мислите всичко това за малко крайно. В тази кратка книжка с инструкции ние се опитваме да постигнем едно стабилно познание и участие в духовната реалност. Ако ви бях казал да не пропускате да държите физическите си очи отворени, докато тече вашия ден, вие вероятно щяхте да си помислите: „Разбира се! Как бих виждал, ако вървя насам-натам със затворени очи!"

Именно в това е смисълът. Духовното зрение не е случайно докосване до Божите неща, но едно постоянно състояние. Вие сте дете на Бога, което живее от позицията си в Христос, където Той е осигурил всичко, свързано с живота и благочестието.

„Понеже Неговата божествена сила ни е подарила всичко, което е потребно за живота и за благочестието, чрез познаването на Този, Който ни е призовал чрез Своята слава и сила" (2Петр.1:3).

В моя собствен живот аз практикувам това, което проповядвам тук. И то действа. Колкото повече време прекарвате в приближаване към Бога, толкова по-близо идва Той до вас.

Моля се да бъдете благословени отвъд всичко, за което бихте се молили или мечтали!

Молитва

Отче, моля се да дадеш сила отгоре на всеки един човек, който чете тази книга или тази молитва. Премахни воалите и люспите от техните очи и им подари ясно духовно зрение. Приложи очния балсам от Откровение 3:18 върху очите на читателя и му дай благодат, за да ходи в тази реалност за Божия слава. Нека очите им бъдат очистени, осветени и посветени за Твоите цели и планове, и ги благослови в изобилна мярка.
В името на Исус. Амин.

Ключове за духовното виждане

Майкъл Ван Влаймен

ЗА АВТОРА

Майкъл Ван Влаймен е автор и говорител, който притежава дълбока страст в споделянето на вестта, че всеки може да преживява свръхестествени неща от Бога.